अरी ओ करुणा प्रभामय

'अज्ञेय'

भारतीय ज्ञानपीठ

लोकोदय ग्रन्थमाला : ग्रन्थांक ९०

ग्रन्थमाला सम्पादक

रवीन्द्र कालिया

सह-सम्पादक

गुलाबचन्द्र जैन

पहला संस्करण	: 1959
दूसरा संस्करण	: 1980
तीसरा संस्करण	: 1989
चौथा संस्करण	: 1999
पाँचवाँ संस्करण	: 2006
छठा संस्करण	: 2012

ISBN 978 - 81 - 263 - 4020 - 0

प्रकाशक :
भारतीय ज्ञानपीठ
18, इन्स्टीट्यूशनल एरिया, लोदी रोड
नयी दिल्ली-110 003

मुद्रक : विकास कम्प्यूटर ऐंड प्रिंटर्स, दिल्ली-110032

आवरण : पुष्पकणा मुखर्जी

छठा संस्करण : 2012
मूल्य : 150 रुपये

ARI O KARUNA PRABHAMAYA
(Poems)
Sachchidananda Vatsyayan 'Ajneya'

Published by
Bharatiya Jnanpith
18, Institutional Area, Lodi Road
New Delhi-110 003

Website : www.jnanpith.net
e-mail : Jnanpith@satyam.net.in, sales@jnanpith.net

Sixth Edition : 2012
Price : Rs. 150

ज्ञान गरिमा के

68 वर्ष

भारतीय
ज्ञानपीठ

णाणं पयासयं

वीर नि.सं. 2470

भारतीय ज्ञानपीठ

ई.सन् 1944

अरी ओ करुणा प्रभामय

(सन् 1956-1958 की कविताएँ)

गुरुस्थानीया बउदि को

--हाँ, विस्मय विभोर
सब जैसे हैं, मैं भी हूँ :
किन्तु जानता हूँ रहस्य मैं अन्तरतम में
धरणी शुभदा, भरणी है, पर यह प्रणाम मेरा
है तुम को, केवल तुम को--

पहले संस्करण की भूमिका

प्रस्तुत संग्रह की अधिसंख्य कविताएँ इस से पूर्व अप्रकाशित हैं। इस का कारण यह भी रहा है कि जिस काल-खण्ड की ये कविताएँ हैं उस में मैं अधिकतर प्रवासी रहा, और यह भी कि प्रकाशन के लिए उपयुक्त माध्यम की कमी रही। जो लिख कर फिर छपाया भी गया, उस के बारे में दीन अथवा याचक भाव दरसाना लेखक को पाखण्ड-विनय ही जान पड़ता है; पर उस का यह चाहना अनुचित नहीं है कि उस की रचना वहाँ छपे जहाँ उस के छपने से ही उसे तृप्ति, सन्तोष या कृतार्थता का बोध हो। ऐसा 'वहाँ' हिन्दी में कहाँ है, इस का एक-आध उत्तर तो हो सकता हैं, पर कहाँ-कहाँ है इस की गिनती करने चलने पर एक हाथ की उँगलियों से आगे बढ़ना कदाचित् कठिन होगा। यों पत्र-पत्रिकाएँ अनेक हैं, उन के प्रति लेखक कृतज्ञता का भी अनुभव करता है और अपने कर्तव्य का भी....

एक कविता (संख्या 20, 'ऋतुराज') पुरानी है—कोई पन्द्रह वर्ष पहले की।

इन कविताओं को किन-किन कोटियों में बाँटा जा सकता है, इस के बारे में कुछ कह कर समीक्षक की सहायता करना (या उसे चिढ़ाना) लेखक को अभीष्ट नहीं; पर कुछ कविताओं को अलग उल्लिखित करना आवश्यक है। क्रम-सूची में संख्या 53-79, जो 'एक चीड़ का ख़ाक़ा' नामक खण्ड के अन्तर्गत हैं, जापानी कविताओं के अनुवाद हैं। मूल कवि के नाम कविता के अन्त में दिये गये हैं। जहाँ ये अनुवाद न होकर केवल छायानुवाद रह गये हैं, वहाँ कारण इस लेखक की मौलिकता नहीं है बल्कि उसकी असमर्थता ही; जापानी भाषा न जानने से वह मूल पाठ रोमन में पढ़ कर भी उसे समझने से वंचित रहा और अँगरेज़ी अनुवादों, या जापानी बन्धुओं द्वारा की गयी व्याख्याओं पर ही निर्भर रहा। कहीं-कहीं, जहाँ मूल से अपनी दूरी को लेखक स्वयं स्पष्ट देख सकता था, वहाँ उस ने जापानी कवि का नामोल्लेख अपने अधिकार से बाहर मान कर केवल जापानी काव्य का ऋण स्वीकार कर लिया है (संख्या 53, 58, 64, 75)।

जापान और साधारणतया पूर्वेशिया का ऋण इतना ही नहीं है। जापान की 'ज़ेन' बौद्ध विचार और साधना-पद्धतियों का, और तत्सम्बन्धी साहित्य और सम्प्रदाय का भी, लेखक आभारी है। प्रत्येक साधना दृष्टि देती है : कला के सन्दर्भ में किसी भी 'देखने' में कुछ 'न देखना' भी सन्निहित होता है क्योंकि कलादृष्टि अनिवार्य तथा चयनधर्मा (सेलेक्टिव) है। कला-दृष्टि की सम्पूर्णता अनेक की विवृतियों के जोड़ का नहीं, एक के सारभूत तादृशत्व का नाम है। चीन और जापान की चित्रकला और जापान की

काव्यकला से, पश्चिम के कई कवियों ने नयी दृष्टि पायी। हम भारतवासी, जो केवल 'पूर्व' होने के नाते 'दूर-पूर्व' और 'पश्चिम' के बीच में आते हैं, इन देशों की कला से उतने दूर नहीं हैं जितने फ्रान्स या जर्मनी के कवि थे। फिर भी हम उन से नयी दृष्टि पा सकते हैं—उनकी परम्परा में भारत की जो देन रही, उसी के तद्देशीय रूप से भी। जापानी 'ज़ेन' भारतीय 'ध्यान' का ही रूप है, किन्तु ज़ेन का साहित्य-भण्डार आज के भारतीय लेखक के लिए भी कितना स्फूर्तिप्रद है! प्रस्तुत संग्रह में अनुवादों को छोड़ कर अन्य अनेक कविताओं में भी पूर्व के (और पश्चिम के भी क्यों नहीं?) प्रभाव मिलेंगे; लेखक सभी का स्वीकारी है। इतने ही से वह अ-भारतीय या अ-हिन्दी हो गया है, ऐसा न वह मानता है और न पूर्व और पश्चिम के प्रभाव देने वाले (यदि वे इस संग्रह को पढ़ सकते!) मानते। हिन्दी के प्राध्यापन-रत आलोचक ऐसा कहते आये हैं और अब स्वयं लेखक की स्वीकारोक्ति का प्रमाण भी दे सकेंगे, इस सम्भावना से वह आशंकित नहीं है। बन्द घर में प्रकाश पूर्व या पश्चिम या किसी भी निश्चित दिशा से आता है—पर खुले आकाश में वह सभी ओर से समाया रहता है, इसी में उस का आकाशत्व है। उसी खुले आकाश को अपनी बाँहों में भर सके, यह लेखक का स्वप्न रहा है; घरों के मामलों में तो वह यायावर ही है।

—'अज्ञेय'

दूसरे संस्करण की भूमिका

पहले संस्करण के बाद के दो दशकों में 'हाइकू' का तो देश में फ़ैशन ही हो गया है : जापानी साहित्य से परिचय भी बढ़ा है। इस शुभ प्रवृत्ति में लेखक के द्वारा किये गये अनुवादों का भी योग रहा, यह उस के लिए सन्तोष का विषय है; यद्यपि उसे यह दुःख भी है कि हाइकू की बहिया में अनेक कवि ऐसे बहे हैं कि उस काव्य-धारा (बल्कि समूची काव्य-संवेदना) को रूप देने वाली संस्कृति तथा आधार देने वाली दार्शनिक भूमि की ओर से उन का ध्यान हट गया है। यह और भी दुःखद इस लिए है कि किसी स्वच्छ विदेशी मुकुर में अपना चेहरा देख कर तो कुतूहल होता है और अपनी और सही पहचान में मदद कर सकता है। पर अगर कोई ध्यान से देखे ही नहीं और मुकुर के जड़ाऊ चौखटे से भी मोह-भ्रमित हो जाय तब पहचान क्यों होगी! मुझे तो दूसरे संस्करण के लिए पाण्डुलिपि तैयार करते हुए बार-बार स्मरण हुआ है कि कितनी-कितनी बार विदेशों के (प्रस्तुत सन्दर्भ में जापान के) अनुभवों ने मुझे अपने देश की ओर देखने को बाध्य किया, और कैसे प्रत्येक बार अपनी चारित्रिक छवि कुछ और विशदतर हो कर सामने आयी! इतना ही नहीं, 'अरी ओ करुणा प्रभामय' के प्रथम खण्ड की कई कविताओं में कवि ने विदेशी आलोक में भारतीय काव्य-परम्परा को ही जिस नयी दृष्टि से देखा है, वह दृष्टि नयी होकर भी न तो अभारतीय है और न ही उस के कारण कवि के आत्मविश्वास में कमी आयी है। मुझे तो आश्चर्य होता है कि कितने लोग कितनी आसानी से आयातित मानदण्डों को अपना कर सब कुछ उन्हीं से नापने लगते हैं बिना यह सोचे कि उन के ये मानदण्ड उन चीज़ों के आयामों तक पहुँचते भी हैं या नहीं।

यों कविता को इन बातों के विचार के बिना भी, केवल कविता की तरह पढ़ा जा सकता है। यहाँ यह कह देना इस लिए प्रासंगिक जान पड़ा कि पहली भूमिका में भी इस का कुछ उल्लेख था, और इस लिए भी कि इन बीस वर्षों में इस बारे में काफ़ी कुछ ऐसा लिखा गया है जो केवल भ्रम फैलाता है और आत्मावसाद को बढ़ावा देता है। 'सतहों की भीड़' में 'भीतर की किरण' फिर 'नीलाम चढ़ने' को बाध्य न हो, यही मेरी कामना होगी!

—'अज्ञेय'

क्रम-सूची

रोपयित्री

रूप-केकी

अरी ओ करुणा प्रभामय

रोपयित्री

अच्छा खंडित सत्य

अच्छा
खंडित सत्य
सुघर नीरन्ध्र मृषा से,
अच्छा
पीडित प्यार सहिष्णु
अकम्पित निर्ममता से।

अच्छी कुण्ठा-रहित इकाई
साँचे-ढले समाज से,
अच्छा
अपना ठाठ फ़क़ीरी
मँगनी के सुख-साज से।

अच्छा
सार्थक मौन
व्यर्थ के श्रवण-मधुर भी छन्द से।
अच्छा
निर्धन दानी का उघड़ा उर्वर दुख
धनी सूम के बंझर धुआँ-घुटे आनन्द से।

अच्छे
अनुभव की भट्ठी में तपे हुए कण-दो कण
अन्तर्दृष्टि के,
झूठे नुस्खे वाद, रूढ़ि, उपलब्धि परायी के प्रकाश से
रूप-शिव, रूप-सत्य की सृष्टि के।

हम कृती नहीं हैं

हम कृती नहीं हैं
कृतिकारों के अनुयायी भी नहीं कदाचित्।
क्या हों, विकल्प इस का हम करें, हमें कब
इस विलास का योग मिला ?—जो
हों, इतने भर को ही
भरसक तपते-जलते रहे—रहे गये ?
हम हुए, यही बस,
नामहीन हम, निर्विशेष्य,
कुछ हम ने किया नहीं।

या केवल
मानव होने की पीड़ा का एक नया स्तर खोला :
नया रन्ध्र इस रुँधे दर्द की भी दिवार में फोड़ा :
उस से फूटा जो आलोक, उसे
—छितरा जाने से पहले—
निर्निमेष आँखों से देखा
निर्मम मानस से पहचाना
नाम दिया।

चाहे
तकने में आँखें फूट जायें,
चाहे

अर्थ-भार से तन कर भाषा की झिल्ली फट जाये,
चाहे
परिचिति को गहरे उकेरते
संवेदन का प्याला टूट जाय :
देखा
पहचाना
नाम दिया।

कृती नहीं हैं :
हों, बस इतने भर को हम
आजीवन तपते-जलते रहे—रह गये।

शब्द और सत्य

यह नहीं कि मैं ने सत्य नहीं पाया था
यह नहीं कि मुझ को शब्द अचानक कभी-कभी मिलता है :
दोनों जब-तब सम्मुख आते ही रहते हैं।
प्रश्न यही रहता है :
दोनों जो अपने बीच एक दीवार बनाये रहते हैं
मैं कब, कैसे, उन के अनदेखे
उस में सेंध लगा दूँ
या भर कर विस्फोटक
उसे उड़ा दूँ।

कवि जो होंगे हों, जो कुछ करते हैं,करें,
प्रयोजन मेरा बस इतना है :
ये दोनों जो
सदा एक-दूसरे से तन कर रहते हैं,
कब, कैसे, किस आलोक-स्फुरण में
इन्हें मिला दूँ—
दोनों जो हैं बन्धु, सखा, चिर सहचर मेरे।

नया कवि : आत्म-स्वीकार

किसी का सत्य था,
मैं ने सन्दर्भ में जोड़ दिया।
कोई मधु-कोष क़ाट लाया था
मैं ने निचोड़ लिया।

किसी की उक्ति में गरिमा थी
मैं ने उसे थोड़ा-सा सँवार दिया,
किसी की संवेदना में आग का-सा ताप था
मैं ने दूर हटते-हटते उसे धिक्कार दिया।

कोई हुनरमन्द था :
मैं ने देखा और कहा, 'यों !'
थका भारवाही पाया—
घुड़का या कोंच दिया, 'क्यों ?'

किसी की पौध थी,
मैं ने सींची और बढ़ने पर अपना ली,
किसी की लगायी लता थी,
मैं ने दो बल्ली गाड़ उसी पर छवा ली।

किसी की कली थी
मैं ने अनदेखे में बीन ली,
किसी की बात थी
मैंने मुँह से छीन ली।

यों मैं कवि हूँ, आधुनिक हूँ, नया हूँ :
काव्य-तत्त्व की खोज में कहाँ नहीं गया हूँ ?
चाहता हूँ आप मुझे
एक-एक शब्द पर सराहते हुए पढ़ें।
पर प्रतिमा—अरे, वह तो
जैसी आप को रुचे आप स्वयं गढ़े !

बड़ी लम्बी राह

न देखो लौट कर पीछे
वहाँ कुछ नहीं दीखेगा
न कुछ है देखने को
उन लकीरों के सिवा, जो राह चलते
हमारे ही चेहरों पर लिख गयीं
अनुभूति के तेज़ाब से

राह चलते।
बड़ी लम्बी राह।

गा रही थी एक दिन
उस छोर बेपरवाह,
लोभनीय, सुहावनी, रूमानियत की चाह
—अवगुण्ठनमयी ठगिनी !—
एक मीठी रागिनी।

बड़ी लम्बी राह।
आज सँकरे मोड़ पर यह
वास्तविक की वस्तुवादी
धारदार विडम्बना
रो रही है :
एक नंगी डाकिनी।

बड़ी लम्बी राह : आह,
पनाह इस पर नहीं—
कोई ठौर जिस पर छाँह हो।
कौन आँके मोल उस के शोध का
मूल्य के भी मूल्य की जो थाह पाने
एक मरु-सागर उलीच रहा अकेला ?
जल जहाँ है नहीं
क्या वह अब्धि है ?
रेत क्या
उपलब्धि है ?

बड़ी लम्बी राह। जब उस ओर
थे हम, एक ही संवेदना की डोर
बाँधती थी हमें—तुम को : और हम-तुम मानते थे
डोरियाँ कच्ची भले हों, सूत क्योंकि
पुनीत है, उन से बँधे
सरकार आयेंगे चले।

बड़ी लम्बी राह ! अब इस ओर पर
संवेदना की आरियाँ ही
मुझे तुम से काटती हैं :
और फिर लोहू-सनी उन धारियों में
और राहों की अथक ललकार है।
और वे सरकार ? कितनी बार हम-तुम और जायेंगे छले !

बड़ी लम्बी राह :
आँख-कोरों से लगा कर
ओठ के नीचे-मुड़े कोने तलक, तेज़ाब-आँकी
एक बाँकी रेख :
नहीं जिस से अधिक लम्बी, अमिट या कि अमोघ
विधि की लेख।

न देखो लौट कर पीछे
भृकुटि मत कसो,
मत दो ओट चेहरे को,
चोट से मत बचो;
अनुभव डँसे;
न पूछो और कौन पड़ाव अब कब आयेगा ?
तेज़ाब जब चुक जायगा—
थम जायेंगे सब यन्त्र; कारोबार
अपने-आप सब रुक जायेगा !

नये कवि से

आ, तू आ,
हाँ, आ,
मेरे पैरों की छाप-छाप पर रखता पैर,
मिटाता उसे,
मुझे मुँह भर-भर गाली देता—
आ, तू आ।

तेरा कहना है ठीक : जिधर मैं चला
नहीं वह पथ था :
मेरा आग्रह भी नहीं रहा मैं चलूँ उसी पर
सदा जिसे पथ कहा गया, जो
इतने-इतने पैरों द्वारा रौंदा जाता रहा कि उस पर
कोई छाप नहीं पहचानी जा सकती थी।

मेरी खोज
नहीं थी उस मिट्टी की
जिस को जब चाहूँ मैं रौंदूँ : मेरी आँखें
उलझी थीं उस तेजोमय प्रभा-पुंज से
जिस से झरता कण-कण उस मिट्टी को
कर देता था कभी स्वर्ण तो कभी शस्य,
कभी जीव तो कभी जीव्य,
अनुक्षण नव-नव अंकुर-स्फोटित, नव-रूपायित।

मैं कभी न बन सका करुण, सदा
करुणा के उस अजस्र
सोते की ओर दौड़ता रहा जहाँ से
सब कुछ होता जाता था प्रतिपल
आलोकित,
रंजित,
दीप्त, हिरण्मय,
रहस्य-वेष्टित,
प्रभा-गर्भ,
जीवनमय।

मैं चला, उड़ा, भटका, रेंगा, फिसला,
—(क्या नाम क्रिया के उस की
आत्यन्तिक गति को कर सके निरूपित ?)—
तू जो भी कह—आक्रोश नहीं मुझ को,
मैं रुका नहीं मुड़ कर पीछे तकने को,
क्योंकि अभी भी मुझे सामने दीख रहा है
वह प्रकाश : अभी भी
मरी नहीं है ज्योति टेरती इन आँखों की।

तू आ,
तू देख कि यह पैरों की छाप पड़ी है जहाँ,
कहीं वह
है सूना फैलाव रेत का जिस में
कोई प्यासा मर सकता है :
बीहड़ झारखंड है कहीं, कँटीली

जिस की खोहों में कोई बरसों तक चाहे भटक जाय,
कहीं मेंड़ है किसी परायी खेती की, मुड़ कर ही
जिस के अगल-बगल से कोई गलियारा पा लेना होगा।
कहीं—कुछ नहीं, चिकनी काली रण्टन जिस के नीचे
एक कुलबुलाती दलदल है
झाग-भरा मुँह बाये, घात लगाये।

किन्तु प्यास से मरा नहीं मैं,
गलियारे भी
चाहे जैसे मुझे मिले :
दलदल में भी मैं
डूबा नहीं।

पर आ तू,
सभी कहीं, सब चिह्न रौंदता
अपने से आगे जाने वाले के—
आ, तू आ,
रखता पैरों पर पैर,
गालियां देता,
ठोकर मार मिटाता अनगढ़
(और अवांछित रखे गये !) इन
मर्यादा-चिह्नों को
आ, तू आ।

आ तू,
दर्पस्फीत जयी !
मेरी तो

तुझे पीठ ही दीखेगी—क्या करूँ कि मैं आगे हूँ।
और देखता भी आगे की ओर ?
पाँवड़े
मैं ने नहीं बिछाये—वे तो तभी, वहीं
बिछ सकते हैं प्रशस्त हो मार्ग जहाँ पर।
आता जा तू,
कहता जा जो जी आवे :

मैं चला नहीं था पथ पर,
पर मैं चला इसी से
तुझ को बीहड़ में भी ये पद-चिह्न मिले हैं,
काँटों पर ये एकोन्मुख संकेत लहू के,
बालू की यह लिखत, मिटाने में ही
जिस को फिर से तू लिख देगा।

आ तू, आ,
हाँ, आ,
मेरे पैरों की छाप-छाप पर रखता पैर
जयी, युगनेता, पथ-प्रवर्तक,
आ तू आ—
ओ गतानुगामी !

प्याला : सतहें

जीवन !
वह जगमग
एक काँच का प्याला था
जिस में मद-भरमाये हमने
भर रक्खा
तीखा भभके-खिंचा उजाला था।
कौंध उसी की से
वह फूट गया।

उस में जो रस था (मद ?)
मिट्टी में रिस
वह धीरे-धीरे सूख गया—

पर रस की प्यास नहीं सूखी।

इस लिए हृदय में गाला हमने एक कुआँ।

रस से लेंगे मन सींच !
काँच-प्याले के टुकड़े से लाये उलीच
जो, आँख मीच
हम पीने लगे—
विषैला कड़ुआ धुआँ !

यों बाद हृदय के
मन भी टूट गया।

जीवन ! वह अब भी है।
विकिरित प्रकाश की किरणें
रंग-बिरंगी
अनथक नाच रहीं कच-टुकड़े के
हर स्तर पर।

हम बार-बार गहरे उतरे—
कितना गहरे !—पर
जब-जब जो कुछ भी लाये
उस से बस
और सतह पर भीड़ बढ़ गयी।

सतहें—सतहें—
सब फेंक रही हैं लौट-लौट
वह कौंध
जिसे हम भर न रख सके
प्याले में :

छिछली उथली घनी चौंध से अन्ध
घूमते हैं हम
अपने रचे हुए
मायावी उजियाले में।

गहरे में—कुछ इतना सूना जो
भिद कर भी लौटा ही देता है प्रकाश :
सतहों पर—टूटी चमकीली सतहों को बाँध-बाँध
उलझाने वाला
सतहों का ही जटिल पाश !

सतहें—कच-टुकड़े :
यही जुटा पाये हम;
भीतर
किरण रही जो
वह
नीलाम चढ़ गयी !

●

इशारे ज़िन्दगी के

ज़िन्दगी हर मोड़ पर करती रही हम को इशारे
जिन्हें हम ने नहीं देखा।
क्योंकि हम बाँधे हुए थे पट्टियाँ संस्कार की
और—हम ने बाँधने से पूर्व देखा था !—
हमारी पट्टियाँ रंगीन थीं।

ज़िन्दगी करती रही नीरव इशारे :
हम धनी थे शब्द के।
'शब्द ईश्वर है, इसी से वह रहस् है,'
'शब्द अपने आप में इति है',—
हमें यह मोह अब छलता नहीं था।
शब्द-रत्नों की लड़ी हम गूँथ कर माला पिन्हाना चाहते थे
नये रूपाकार को,
और हमने यही जाना था
कि रूपाकार ही तो सार है।

एक नीरव नदी बहती जा रही थी,
बुलबुले उसमें उमड़ते थे
रह:संकेत के :
हर उमड़ने पर हमें रोमांच होता था,
फूटना हर बुलबुले का हमें तीखा दर्द देता था।
रोमांच ! तीखा दर्द !
नीरव रह:संकेत—हाय !

ज़िन्दगी करती रही
नीरव इशारे,
हम पकड़ते रहे रूपाकार को।
किन्तु रूपाकार
चोला है
किसी संकेत शब्दातीत का,
जिन्दगी के किसी
गहरे इशारे का।

शब्द :
रूपाकार :
फिर संकेत—
ये हर मोड़ पर बिखरे हुए संकेत—
अनगिनती इशारे ज़िन्दगी के
ओट में जिन की छिपा है
अर्थ !
हाय, कितने मोह की कितनी दिवारें भेदने को—
पूर्व इस के, शब्द ललके,
अंक भेंटे अर्थ को !
क्या हमारे हाथ में वह मन्त्र होगा, हम इन्हें सम्पृक्त कर दें ?

अर्थ दो, अर्थ दो।
मत हमें रूपाकार इतने व्यर्थ दो !
हम समझते हैं इशारा ज़िन्दगी का—
हमें पार उतार दो—
रूप मत, बस सार दो।

मुखर वाणी हुई : बोलने हम लगे :
हम को बोध था वे शब्द सुन्दर हैं—
सत्य भी हैं, सारमय हैं।
पर हमारे शब्द
जनता के नहीं थे,
क्योंकि जो उन्मेष हम में हुआ
जनता का नहीं था,
हमारा दर्द
जनता का नहीं था,
संवेदना ने ही विलग कर दी
हमारी अनुभूति हम से।
यह जो लीक हम को मिली थी—
अन्धी गली थी।

चुक गयी क्या राह ? लिख दें हम
चरम लिखतम् पराजय की ?
इशारे क्या चुक गये हैं
ज़िन्दगी के अभिनयांकुर में ?

बढ़े चाहे बोझ जितना
शास्त्र का, इतिहास का,
रूढ़ि के विन्यास का या सूक्त का—
कम नहीं ललकार होती ज़िन्दगी की।

मोड़ आगे और है—
कौन उस की ओट, देखो, झाँकता है ?

एक प्रश्न

क्या घृणा की एक झौंसी साँस भी
छू लेगी तुम्हारा गात—
प्यार की हवाएँ सोंधी
यों ही बह जायेंगी ?

एक सूखे पत्ते की ही खड़-खड़
बाँधेगी तुम्हारा ध्यान—
लाख-लाख कोंपलों की मृदुल गुंजारें
अनसुनी रह जायेंगी ?

चौखटे की दीमक का
उद्यम अनवरत देख तुम
खिड़की से बाहर न झाँकोगे;

पक्षियों की बीटों का क्या
उपयोग होगा, इसी चिन्ता में
जमीन को कुरेदते—
ऊपर का मुक्त—मुक्त—मुक्त
आकाश नहीं ताकोगे ?

लौटे यात्री का वक्तव्य

सभी जगह
जो उपजाता है अन्न, पालता सब को,
उस की झुकी कमर है।

सभी जगह
जो शास्ता है, जो बागडोर थामे है, उस की दीठ मन्द है—
आँखों पर है चढ़ा हुआ मोटा चश्मा जो
प्रायः धूमिल भी होता है।

सभी जगह
जिस की मुट्ठी में ताक़त है
उस का भेजा है एक ओर भेड़िये,
दूसरी पर मर्कट का।

सभी जगह
जो रंग-बिरंगी जाज़म पर फैला कर सपनों की मनियारी
घात लगाते हैं गाहक की,
दिल मुर्ग़ी का रखते हैं।

सभी जगह
जो मूल्यवान् है सकुचा रहता है; अदृश्य, सीपी के मोती-सा,
जो मिलता नहीं बिना सागर में डूबे :

सभी जगह
जो छिछला है, ओछा है,
नक़ली कीमख़ाब पर सजा हुआ बैठा है लकदक,
चौंधाता आँखों को, जब तक ठोकर लगे, पैर रपटे
या जेब कटे, नीयत बिगड़े, हो मतिभ्रंश, दिल डँसा जाय !

सभी जगह
है प्रश्न एक :
क्या दोगे ? कितना दे सकते हो ?

यही पूछते हैं जो फिर भेदक आँखों से
लेते हैं टटोल अंटी में क्या है :
यही दूसरे पूछ, नाप लेते हैं कितना
लहू देह में बाक़ी होगा :
यही तीसरे, आँक रहे जो
मांस-पेशियों में कितना है श्रम-बल—
(बिना छुए या टोये जैसे चूज़े को गाहक टोता है।)

यही और, जो तिनकों को सिखलाते
बँधी हुई गड्डी की ताकत, किन्तु बाँधने वाला तार
सदा अपनी मुट्ठी में रखते हैं :
यही और, जिन की लोलुपता
देने का आमन्त्रण सब को देती है,
क्योंकि सिवा इस देने के बस उन को लेना ही लेना है।

और यही वे भी, जिन की जिज्ञासा
कभी नहीं होती रूपायित, मुखरित
जो अनासक्त हैं, जिन्हें स्वयं कुछ नहीं किसी से लेना है :
क्या दोगे ? कितना दोगे—दे सकते हो—
मुझे नहीं जग भर को, जीवन-भर को,
प्यार ?

चेहरे असंख्य : आँखें असंख्य

चेहरे थे असंख्य,
आँखें थीं,
दर्द सभी में था—
जीवन का दंश सभी ने जाना था।
पर दो
केवल दो
मेरे मन में कौंध गयीं।

क्यों ?
क्या उन में अतिरिक्त दर्द था
जो अतीत में मेरा परिचित कभी रहा,
या मुझ में कोई छायास्मृति जागी थी
जिस को मैंने उन आँखों में पढ़ा
कि जैसे सदा दूसरों में हम
जाने-अनजाने केवल
अपने ही को पढ़ते हैं ?

मैं नहीं जानता किस की वे आँखें थीं,
नहीं समझता फिर उन को देखूँगा
(परिचय मन ही मन चाहा हो, उद्यम कोई नहीं किया),
किन्तु उसी की कौंध

मुझे फिर-फिर दिखलाती है
चेहरे असंख्य,
आँखें असंख्य,
जिन सब में दर्द भरा है
पर जिन को मैं पहले नहीं देख पाया था।
वही अपरिचित दो आँखें ही
चिर-माध्यम हैं
सब आँखों से, सब दर्दों से
मेरे चिर-परिचय का।

हरा-भरा है देश

हरे-भरे हैं खेत
मगर खलिहान नहीं :
बहुत महतो का मान—
मगर दो मुट्ठी धान नहीं।

भरा है दिल
पर नीयत नहीं :
हरी है कोख—
तबीयत नहीं।

भरी हैं आँखें
पेट नहीं :
भरे हैं बनिये के काग़ज़—
टेंट नहीं।

हरा-भरा है देश :
रुँधा मिट्टी में ताप
पोसता है विष-वट का मूल—
फलेंगे जिस में शाप।

मरा क्या और मरे
इस लिए अगर जिये तो क्या :
जिसे पीने को पानी नहीं
लहू का घूँट पिये तो क्या;

पकेगा फल, चखना होगा
उन्हीं को जो जीते हैं आज :
जिन्हें है बहुत शील का ज्ञान—
नहीं है लाज।

तपी मिट्टी जो सोख न ले
अरे, क्या है इतना पानी ?
कि व्यर्थ है उद्‌बोधन, आह्वान—
व्यर्थ कवि की बानी ?

बाँगर और खादर

बाँगर में
राजाजी का बाग़ है,
चारों ओर दीवार है
जिस में एक द्वार है,
बीच-बाग़ कुआँ है
बहुत-बहुत गहरा।
और उस का जल
मीठा, निर्मल, शीतल।
कुएँ तो राजाजी के और भी हैं
—एक चौगान में, एक बाज़ार में—
पर इस पर रहता है पहरा।

खादर में
राजाजी के पुरवे हैं,
मिट्टी के घरवे हैं,
आगे खुली रेती के पार
सदानीरा नदी है।
गाँवों के गँवार
उसी में नहाते हैं,
कपड़े फींचते हैं,
आचमन करते हैं,
डाँगर भँसाते हैं,

उसी से पानी उलीच
पहलेज सींचते हैं,
और जो मर जायें उन की मिट्टी भी
वहीं होनी बदी है।

कुएँ का पानी
राजाजी मँगाते हैं,
शौक़ से पीते हैं।
नदी पर लोग सब जाते हैं,
उस के किनारे मरते हैं
उस के सहारे जीते हैं।

बाँगर का कुआँ
राजाजी का अपना है,
लोक-जन के लिए एक
कहानी है, सपना है

खादर की नदी नहीं
किसी की बपौती की,
पुरवे के हर घरवे को
गंगा है अपनी कठौती की।

औद्योगिक बस्ती

पहाड़ियों से घिरी हुई इस छोटी-सी घाटी में
ये मुँहझौंसी चिमनियाँ बराबर
धुआँ उगलती जाती हैं।

भीतर जलते लाल धातु के साथ
कमकरों की दुःसाध्य विषमताएँ भी
तप्त उबलती जाती हैं।

बँधी लीक पर रेलें लादे माल
चिहुँकती और रँभाती अफराये डाँगर-सी
ठिलती चलती जाती हैं।

उद्यम की कड़ी-कड़ी में बँधते जाते मुक्तिकाम
मानव की आशाएँ ही पल-पल
उस को छलती जाती हैं।

बिकाऊ

खोयी आँखें लौटीं :
धरी मिट्टी का लोंदा
रचने लगा कुम्हार खिलौने।

मूर्ति पहली यह
कितनी सुन्दर ! और दूसरी—
अरे रूपदर्शी ! यह क्या है—
यह विरूप विद्रूप डरौना ?

''मूर्तियाँ ही हैं दोनों,
दोनों रूप : जगह दोनों की बनी हुई है।
मेले में दोनों जावेंगी।
यह भी बिकाऊ है,
वह भी बिकाऊ है।

''टिकाऊ—हाँ, टिकाऊ
यह नहीं है,
वह भी नहीं है,
मगर टिकाऊ तो
मैं भी नहीं हूँ—
तुम भी नहीं हो।''

रुका वह एक क्षण,
आँखें फिर खोयीं,फिर लौटीं,
फिर बोला वह :
''होती बड़े दुःख की कहानी यह
अन्त में अगर मैं
यह भी न कह सकता, कि
टिकाऊ तो
जिस पैसे पर यह-वह दोनों बिकाऊ हैं
(और हम-तुम भी क्या नहीं हैं ?)
वह भी नहीं है :
बल्कि वही तो
असली बिकाऊ है।''

मैं ने कहा, पेड़—

मैं ने कहा, ''पेड़, तुम इतने बड़े हो,
इतने कड़े हो,
न जाने कितने सौ बरसों के आँधी-पानी में
सिर ऊँचा किये अपनी जगह अड़े हो।
सूरज उगता-डूबता है, चाँद मरता-छीजता है
ऋतुएँ बदलती हैं, मेघ उमड़ता-पसीजता है;
और तुम सब सहते हुए
सन्तुलित शान्त धीर रहते हुए
विनम्र हरियाली से ढँके, पर भीतर ठोठ कठैठे खड़े हो।''

काँपा पेड़, मर्मरित पत्तियाँ
बोली मानो, ''नहीं, नहीं, नहीं, झूठा
श्रेय मुझे मत दो !
मैं तो बार-बार झुकता, गिरता, उखड़ता
या कि सूखा ठूँठ हो के टूट जाता,
श्रेय है तो मेरे पैरों-तले इस मिट्टी को
जिस में न जाने कहाँ मेरी जड़ें खोयी हैं :
ऊपर उठा हूँ उतना ही आकाश में
जितना कि मेरी जड़ें नीचे दूर धरती में समायी हैं।

श्रेय कुछ मेरा नहीं, जो है इस नामहीन मिट्टी का।
और, हाँ, इन सब उगने-डूबने, भरने-छीजने,
बदलने, गलने, पसीजने,
बनने-मिटने वालों का भी :
शतियों से मैंने बस एक सीख पायी है :
जो मरण-धर्मा हैं वे ही जीवनदायी हैं।''

नया कवि : आत्मोपदेश

शक्ति का मत गर्व कर
तू उपशमन का कर,
नहीं रूपाकार को, उस में
छिपा है सार जो, वह वर !
अनुभूति से मत डर—
मगर पाखण्ड उस के दर्द का मत कर :
नहीं अपने-आप जो स्पन्दन डँसे
तेरी धमनियों को, त्वचा की कँपकँपी से
झूठ मत आभास उस का स्वयं
अपने को दिखाने की
उतावली से भर !

गैर को मत कोंच
तू पहचान अपनापन :
चुनौती है जहाँ
तू अविकल्प साहस कर :
'यहाँ प्रतिरोध दुर्बल है, सुलभ जय', सोच
ऐसा, साहसिक मत बन।
अभियान में जिन खाइयों में
कूदना है, कूद :
भरा है उन में अँधेरा इस लिए
मत नयन अपने मूँद !

दीठ की मत डींग भर :
जो दिखा उस के बूझने की
तू तपस्या कर :
झाड़ मत पल्ला छुड़ा कर
स्वयं अपने-आप से तू झर।
प्यार पर तू विजय पा, पर
और जो प्यासे मिलें, उन के लिए
चुपचाप निश्चल स्वच्छ शीतल
प्राण-रस से भर।

तू उसे देखे न देखे
झर रहा जो अन्तहीन प्रकाश—
उसे माथा झुका कर पी :
तू उसे चीन्हे न चीन्हे
हो रहा जो प्राण-स्पन्दन चतुर्दिक् गतिमान
उस में डूब कर तू जी।
तू उसे ओढ़े न ओढ़े
व्याप्त मानव-मात्र में है जो विशद अभिप्राय
तू न उस से टूट :
भीड़ का मत हो, डटा रह, मगर
दिग्विद पान्थ के समुदाय से तू
अकेला मत छूट।

एकाकियों की राह ?
वह भी है
मगर तब जब कि वह
सब के लिए तोड़ी गयी हो।

अकेला निर्वाण ?
वह भी है
अगर उस की चाह
सभी के कल्याण के हित
स्वेच्छया छोड़ी गयी हो।

कहाँ जाता है, इसे मत भूल :
कौन आता है, न इस को भी
कभी मन से उतरने दे।
राह जिस की है उसी की है।
कगारे काट, पत्थर तोड़,
रोड़ी कूट, तू पथ बना, लेकिन
प्रकट हो जब जिसे आना है
तू चुप-चाप रस्ता छोड़ :
मुदित-मन वार दे दो फूल,
उसे आगे गुज़रने दे।

रोपयित्री

गलियारे से जाते-जाते
उस दिन लख भंगिमा तुम्हारी
और हाथ की मुद्रा,
यही लगा था मुझे
खेत में छिटक रही हो बीज।
किन्तु जब लौटा, देखा
भटके डाँगर
रौंद गये हैं सभी क्यारियाँ

भूल गया मैं।

आज, अरे ! सहसा पाता हूँ :
अंकुर एक—अनेक—असंख्य—
धरा मानो श्यामल रोमाली के प्रहर्ष से
हो रोमांचित।

हाँ, विस्मय-विभोर
सब जैसे हैं, मैं भी हूँ :
मनोरंग में मेरे भी वह आने वाली
धान-भरी बाली सोनाली
थिरक रही है : मैं भी आँचल
तब पसार दूँगा जब गूँजेंगी उस की पद-पायल,

मैं भी लूँगा बीन-छीन
कण-दो कण जो भी हाथ लगेंगे
उस रसवन्ती की पुष्कल करुणा के।

किन्तु जानता हूँ रहस्य मैं अन्तरतम में
धरणी सुखदा, शुभदा, वरदा,
भरणी है, पर यह प्रणाम मेरा
है तुम को,
केवल तुम को।

भूल गयी थी स्मृति—(दुर्बल !)—पर
तुम्हें
मैं नहीं भूला।

रूप-केकी

रूप-केकी

रूप-केकी नाचते हैं,
सार-घन ! बरसो।

बहुत विस्तृत, बहुत सूना
है गगन जिस को नहीं
उन की पुकारें भर सकेंगी,

बहुत है गुरिमा धरा की
नहीं उस के कर्ष-बल से आत्म-विभोर भी
उन की उड़ान उबर सकेगी।

तुम्हीं अपनी दामिनी मायाविनी की
लेखनी अमरत्वदायिनि से
उन्हें परसो।
सार-घन ! सरसो।

रूप-केकी नाचते हैं,
सार-घन ! बरसो।

ॠतुराज

शिशिर ने पहन लिया वसन्त का दुकूल,
गन्धवह उड़ रहा पराग-धूल झूल,
काँटों का किरीट धारे बने देवदूत
पीत-वसन दमक उठे तिरस्कृत बबूल।
अरे, ॠतुराज आ गया।

पूछते हैं मेघ, 'क्या वसन्त आ गया ?'
हँस रहा समीर, 'वह छली भुला गया।'
किन्तु मस्त कोंपलें सलज्ज सोचतीं—
'हमें कौन स्नेह-स्पर्श कर जगा गया ?'
वही ॠतुराज आ गया।

प्रस्फुटन अभी नहीं लगी हुई है आस—
मुक्त हो चले अशक्त शीत-बद्ध दास।
मुक्त-प्राण, सर्व-त्राण चैत्र आ रहा—
अंक भेंटने को तिलमिला उठे पलास।
क्योंकि ॠतुराज आ गया।

सिद्धि नहीं, दौड़ते हैं किन्तु सिद्धि-दूत—
वायु चल रही है आज स्निग्ध मन्त्रपूत।

स्तब्ध हैं प्रतीक्षमान दिग्वधूटियाँ---
जीवन-प्रवाह बह रहा है अनाहूत।
क्योंकि ॠतुराज आ गया।

अभी सुन पड़ी नहीं परभृता की कूक,
अभी कहीं कँपी नहीं है चातकी की हूक,
किन्तु क्यों सिहर उठी है रोम-रोम में—
प्यार की, अथक नये दुलार की भी भूख ?
क्योंकि ॠतुराज आ गया।

आज ॠतुराज आ गया—
अरे ॠतुराज आ गया।

यह कली

यह कली,
झुटपुट अँधेरे में
पली थी देहात की गली में;
भोली-भली
नगर के राज-पथ, दिपते
प्रकाश में गयी छली।

झरी नहीं, बही कहीं
तो निकली नहीं,
लहर कहाँ ? भँवर फँसी।
काल डँसी,
गयी मली—
यह कली।

रात में गाँव

झींगुरों की लोरियाँ
सुला गयी थीं गाँव को,
झोंपड़े हिंडोलों-सी झुला रही हैं
धीमे-धीमे
उजली कपासी घूम-डोरियाँ।

धूप

सूप-सूप भर
धूप-कनक
यह सूने नभ में गयी बिखर :
चौंधाया
बीन रहा है
उसे अकेला एक कुरर।

वसन्त

यह क्या पलास की लाल लहकती
आग रही कारण, जो
वनखंडी की हवा हो चली गर्म आज ?

पहाड़ी यात्रा

मेरे घोड़े की टाप
चौखटा जड़ती जाती है
आगे के नदी-व्योम, घाटी-पर्वत के आस-पास :
मैं एक चित्र में
लिखा गया-सा आगे बढ़ता जाता हूँ।

पगडंडी

यह पगडंडी
चली लजीली
इधर-उधर, अटपटी चाल से नीचे को, पर
वहाँ पहुँच कर घाटी में—खिलखिला उठी !

कुसुमित उपत्यका।

घनी धुन्ध से छाया

घनी धुन्ध से छाया निकली
क्षण भर में फिर
घनी धुन्ध में गयी चली।

उस क्षण में मुझ को आलोक मिला,
रस मिला, चिरन्तन दृष्टि मिली।

पूनो की साँझ

पति-सेवा रत साँझ
उचकता देख पराया चाँद
लला कर ओट हो गयी।

सान्ध्य तारा

साँझ। बुझता क्षितिज।
मन की टूट-टूट पछाड़ खाती लहर।
काली उमड़ती परछाइयाँ।

तब एक
तारा भर गया आकाश की गहराइयाँ।

एक चित्र

मेघ में खोयी छाया :
पर्वत।
झुकी डाल से झरा
ओस-सा लघु स्वर :
पंछी।
मन:क्षितिज पर उदित
शान्त करुणा कल्याणी :
छवि।
नमित मुदित नीरव
कवि।

अंगूर-बेल

उलझती बाँह-सी
दुबली लता अंगूर की।
क्षितिज धुँधला।

तीर-सी यह याद
कितनी दूर की।

नदी तट : एक चित्र

नदी की बाँक
गोरी चमक बालू की
विदा की आर्द्र लालिम
मेघ की रेखा :

नीरव बलाका।

आँखें-१

दूर से पास बुलातीं
पर समीप आतीं तो आँखें लातीं
कितनी-कितनी दूरियाँ।

जीवन के हर आमन्त्रण में भरी हुई हैं
उफ़ ! कितनी मजबूरियाँ !

आँखें-२

जब पुकारती थीं तब उन में
कितनी हल्की दिखती थीं
अलसायीं परछाइयाँ,
आयीं निकट : उन्हीं आँखों में
डूब गयी गहराइयाँ।

प्यार : व्यक्त

रात मोम-सी बेबस ढलती रही
आस बाती-सी जलती रही;
भोर में सपना।

दूर कितना भी सही
तू है अपना।

प्यार : अव्यक्त

रात-भर घेर-घेर
छाते आते रहे बादर,
मेरे सोते
बरसती रही बरसात,
झरते रहे पात
बनाते-से चादर-गलीचा,
प्रात तक नीचे दब
खो गया सोता।

यों चुक गयी जाने कब
अनकही सब बात।

चिड़िया की कहानी

उड़ गयी चिड़िया
काँपी, फिर
थिर
हो गयी पत्ती।

चुप-चाप

चुप-चाप चुप-चाप
झरने का स्वर
हम में भर जाय,
चुप-चाप चुप-चाप
शरद की चाँदनी
झील की लहरों पर तिर आय,
चुप-चाप चुप-चाप
जीवन का रहस्य,
जो कहा न जाय, हमारी
ठहरी आँखों में गहराय,
चुप-चाप चुप-चाप
हम पुलकित विराट् में डूबें
पर विराट् हम में मिल जाय—

चुप-चाप चुप-चाऽऽप···

सुख-क्षण

यह दु:सह सुख-क्षण
मिला अचानक हमें
अतर्कित।
तभी गया तो छोड़ गया
यह दर्द अकथ्य, अकल्पित।

रंग-विरंगी मेघ-पताकाओं से
घिर आया नभ सारा :
नीरव टूट गिर गया जलता
एक अकेला तारा।

क्या हमीं रहे ?

रूप रूप रूप
हम पिघले
विवश बहे।

तब उसने जो सब रिक्तों में भरा हुआ है
अपने भेद कहे।

सत्य अनावृत के वे
जिसने वार सहे,
क्या हमीं रहे

हे अमिताभ

हे अमिताभ !
नभ पूरित आलोक,
सुख से, सुरुचि से, रूप से, भरे ओक :
हे अवलोकित
हे हिरण्यनाभ !

धरा-व्योम

अंकुरित धरा से क्षमा
व्योम से झरी रुपहली करुणा।

सरि, सागर, सोते-निर्झर-सा
उमड़े जीवन :
कहीं नहीं है मरना।

सोन-मछली

हम निहारते रूप,
काँच के पीछे
हाँप रही है मछली।

रूप-तृषा भी
(और काँच के पीछे)
है जिजीविषा।

दीप पत्थर का

दीप पत्थर का
लजीली किरण की
            पद-चाप नीरव :
अरी ओ करुणा प्रभामय !
            कब ? कब ?

साम्राज्ञी का नैवेद्य-दान[१]

हे महाबुद्ध !
मैं मन्दिर में आयी हूँ
रीते हाथ :
फूल मैं ला न सकी।

औरों का संग्रह
तेरे योग्य न होता।

जो मुझे सुनाती
जीवन के विह्वल सुख-क्षण का गीत—
खोलती रूप-जगत् के द्वार जहाँ
तेरी करुणा
बुनती रहती है
भव के सपनों, क्षण के आनन्दों के
रह:सूत्र अविराम—
उस भोली मुग्धा को
कँपती
डाली से विलगा न सकी।

---

१. जापान की साम्राज्ञी कोमियो प्राचीन राजधानी नारा के बुद्ध-मन्दिर में जाते समय असमंजस में पड़ गयी थीं कि चढ़ाने को क्या ले जाये और फिर रीते हाथ गयी थी। यही घटना कविता का आधार है।

जो कली खिलेगी जहाँ, खिली,
जो फूल जहाँ है,
जो भी सुख
जिस भी डाली पर
हुआ पल्लवित, पुलकित,
मैं उसे वहीं पर
अक्षत, अनाघ्रात, अस्पृष्ट, अनाविल,
हे महाबुद्ध !
अर्पित करती हूँ तुझे।

वहीं-वहीं प्रत्येक भरे प्याला जीवन का,
वहीं-वहीं नैवेद्य चढ़ा
अपने सुन्दर आनन्द-निमिष का,
तेरा हो,
हे विगतागत के, वर्तमान के, पद्‌मकोश !
हे महाबुद्ध !

खिड़की एकाएक खुली

खिड़की एकाएक खुली,
बुझ गया दीप झोंके से,
हो गया बन्द वह ग्रन्थ
जिसे हम रात-रात
घोखते रहे;

पर खुला क्षितिज, पौ फटी,
प्रात निकला सूरज, जो सारे
अन्धकार को सोख गया।

धरती प्रकाश-आप्लावित !
हम मुक्त-कण्ठ
मुक्त-हृदय
मुग्ध गा उठे
बिना मौन को भंग किये।

कौन हम ?
उसी सूर्य के दूत
अनवरत धावित।

पहेली

गुरु ने छीन लिया हाथों से जाल,
शिष्य से बोले :
''कहाँ चला ले जाल अभी ?
पहले मछलियाँ पकड़ तो ला ?''
तकता रह गया बिचारा
भौंचक।

बीत गये युग। चले गये गुरु।
बूढ़ा, धवल-केश, कुंचित-मुख
चेला
सोच रहा था अभी प्रश्न :
'क्यों चला जाल ले ?
पहले, रे, मछलियाँ पकड़ तो ला ?'

सहसा भेद गयी तीखी-आलोक-किरण।
'अरे, कब से बेचारी मछली
घिर अगाध से
सागर खोज रही है !'

मैं देख रहा हूँ

मैं देख रहा हूँ
झरी फूल से पँखुरी
—मैं देख रहा हूँ अपने को ही झरते।

मैं चुप हूँ :
वह मेरे भीतर वसन्त गाता है।

मछलियाँ

न जाने मछलियाँ हैं या नहीं
आँखें तुम्हारी
किन्तु मेरी दीप्त जीवन-चेतना निश्चय नदी है
हर लहर की ओट जिस की
उन्हीं की गति
काँपती-सी
जी रही है
पिरोती-सी रश्मियाँ
हर बूँद में।

उन्मत्त

सूँघ ली है साँस भर-भर
गन्ध मैं ने इस निरन्तर
खुले जाते क्षितिज के उल्लास की,

खा गया हूँ नदी-तट की
लहरती बिछलन जिसे सौ बार
धो-धो कर गयी है अंजली वातास की,

पी गया हूँ अधिक कुछ मैं
स्निग्ध सहलाती हुई-सी
धूप यह हेमन्त की,

आज मुझ को चढ़ गयी है
यह अथाह अकूल अपलक
नीलिमा आकाश की।

मत छुओ, रोको, पुकारो मत मुझे,
जहाँ मैं हूँ वहाँ से मत उतारो—
मुझे कुछ मत कहो।
—मगर हाँ, काँपे अगर डग तो
तुम्हीं, ओ तुम, तुम्हीं-तुम रहो
जो हाथ मेरा गहो।

●

जीवन-छाया

पुल पर झुका खड़ा मैं देख रहा हूँ
अपनी परछाहीं
सोते के निर्मल जल पर—
तल पर, भीतर,
नीचे पथरीले-रेतीले थल पर :
अरे, उसे ये पल-पल
भेद-भेद जाती हैं
कितनी उज्ज्वल
रंगारंग मछलियाँ !

रश्मि-बाण

''ओ अधीर पथ-यात्री
क्यों तुम
यहाँ सेतु पर आ कर
ठिठक गये !

''नयी नहीं है नदी, इसी के साथ-साथ
तुम चलते आये
जाने मेरे अनजाने कितने दिन से !
नया नहीं है सेतु, पार तुम
जाने इस से कितनी बार गये हो
इसी उषा के इसी रंग के
इतने कोमल, इतने ही उज्ज्वल प्रकाश में।
ठिठक गये क्यों
यहाँ सेतु पर आ कर
ओ अब तक अधीर पथ-यात्री ?''

''मैं ? मैं ठिठका नहीं।
देखना मेरा
दृष्टि-मार्ग से
कितना गहरे चलते जाना है
किस अन्तहीन अज्ञात दिशा में !

यहाँ सेतु से नीचे
देख रहा हूँ मैं केवल अपनी छाया को
किन्तु दौड़ते,
पल-पल बदल रहे
लहरीले
जीते जल पर !"

"देख रहे हो छाया ?
छाया को !
अपनी को !
क्यों तब मुड़ कर भीतर को
अपने को नहीं देखते ?
रुकना भी तब नहीं पड़ेगा :
जल बहता हो—बहता जाये—
सेतु हो न हो—
दिन हो, रजनी,
उष:काल, दोपहरी हो, आँधी-कुहरा हो,
झुका मेघडम्बर हो या हो तारों-टँका चँदोवा—
तुम्हें न रुकना होगा
किसी मोड़ पर, चौराहे पर,
किसी सेतु पर !
क्यों तुम, ओ पथ-यात्री,
ठिठक गये ?"

"मुझे नदी से, पथ से
या कि सेतु से,
अपनी गति से, यति से, या कि स्वयं अपने से,

अपनी छाया,
छाया से अपनी संगति से
कोई नहीं लगाव-दुराव। क्योंकि ये कोई
लक्ष्य नहीं मेरी यात्रा के।
चौंक गया हूँ मैं क्षण-भर को
क्योंकि अभी इस क्षण मैं ने
कुछ देख लिया है।

''अभी-अभी जो
उजली मछली
भेद गयी है
सेतु पर खड़े मेरी छाया—
(चली गयी है कहाँ !)
वही तो—
वही, वही तो
लक्ष्य रही अवचेतन, अनपहचाना
मेरी इस यात्रा का !

''खड़ा सेतु पर हूँ मैं,
देख रहा हूँ अपनी छाया,
मुझे बोध है नदी वहाँ नीचे बहती है
गहरी, वेगवती, प्लव-शीला।
ताल उसी की अविरल
लहरों की गति पर देता है प्रति-पल
स्पन्दन यह मेरी धमनी का
और चेतना को आलोकित
किये हुए है
असम्पृक्त यह सहज स्निग्ध वरदान धूप का

''सब में हूँ मैं, सब मुझ में है,
सब से गुँथा हुआ हूँ, पर जो
बींध गया है सत्य मुझे वह
वह उजली मछली है
भेद गयी जो मेरी
बहुत-बहुत पहचानी
बहुत-बहुत अपनी यह
बहुत पुरानी छाया।

''रुका नहीं कुछ,
सब कुछ चलता ही जाता है,
रुका नहीं हूँ मैं भी, खड़ा सेतु पर :
देखो—देखो—देखो—
फिर आयी वह रश्मि-बाण, दामिनि-द्रुत !—देखो—
बेध रहा है मुझे लक्ष्य मेरे बाणों का !''

एक चीड़ का ख़ाका

जापानी चित्र

मन्दिर दिखता नहीं, मूर्ति होगी भी, नहीं भरोसा।
किन्तु मेघ के पार गगन को चूम रहा है
रंजित तोरण।[१]

१. जापानी मुक्तक 'हाइकू' से प्रभावित।

शिशिर-वसन्त

शिशिर की वर्षा :
चाँद मेघ की मुट्ठी में
छिपता नहीं।

बिजली उजली हिम-चादर पर
दिपती है

पहले अधीर अहेरी
माँज रहे हैं तीर
भोर के अँधेरे में।

सिहरा है समीर :
वह पीछे वसन्त आता है।[१]

---

१. प्रथम छन्द टोकोकू पर आधारित; दूसरा जूगो, तीसरा यासुई, चौथा बाशो पर। जापानी 'रेंगा' (श्रृंखलित पद्य) की पद्धति पर

अरी हवा, अब

झीना चाँद
डाल पर कोंपल :
अरी हवा, अब तू वसन्त को
साथ झुलाती कब लायेगी ?[१]

---

१. 'हाइकू' से प्रभावित।

सरसों फूली

गरवीली हरियाली ने
गिरि-श्रृंग छोड़
सब धरती छा ली।

उगता चाँद, डूबता सूरज,
बीच झील-सी
पीली सरसों फूली।

अलूचे फूले

और कहीं भी क्या वसन्त आया है—
या कि अलूचे ही ये
हैं बौराये ?

[रीटो]

वसन्त का सूर्यास्त

सरसों की समवेत दीप्ति के
सागर में सूरज इकला
डूब गया।

[टांटान]

वसन्त की वर्षा

वर्षा में वसन्त की मैं ने देखा :
छाता एक, एक बरसाती
साथ-साथ जाते, बतियाते।

[बूसोन्]

ताल

ताल पुराना
कूदा दादुर :
—गुडुप्।

[बाशो]

पुराना नगर

मौन पुराना नगर : साँझ :
घण्टा-ध्वनि की लहरों पर तिरती
सुमन-गन्ध।

[बाशो]

मछली

उजली मछली
मानो पानी का अन्तरंग ही
काँप गया हो।

[राइज़ान्]

विरहिणी

''दुबली ? हाँ गर्मी जो थी—''
इतना कह पायी
पर फिर सकी न रोक रुलाई।

[किगिन]

झिलमिल

झिलमिल के आर-पार
दो परछाइयाँ
बोली नहीं :

लेती रहीं बार-बार
बस अँगड़ाइयाँ, जमुहाइयाँ।[१]

१. 'हाइकू' से प्रभावित।

फूल फिर

झर चुका फूल फिर
उड़ा डाल की ओर—अरे !
तितली।

[मोरिटाके]

झिल्ली-रव

झिल्ली का अविरत उल्लास
देता है संकेत कहीं क्या उसे—
मृत्यु है कितनी पास ?

[बाशो]

सूनी साँझ

लम्बी पीली धूप :
डरौने की पसरी परछाहीं
नाप रही सूनी पगडण्डी।

[शोहा]

डार

डार कूँजों की
बादल चीर गया :
यों साथी बिछुड़ चले।

[टो सेइ]

शरत्पूर्णिमा

चाँद चितेरा
आँक रहा है शारद नभ में
एक चीड़ का ख़ाक़ा।

[रांसेत्सु]

क्वाँर का भोर

क्वाँर का भोर :
अनमनी क़तार में खड़ी
डार सारसों की।

बड़ा करुण
अरुणोदय।[१]

---

१. प्रथम छन्द काकेइ दूसरा छन्द बाशो द्वारा रचित।

जाड़ों का चाँद

जाड़ों का चाँद
पके बालों पर :
इस से भी क्या ठण्डा होगा पाला ?

[जो सो]

तीन चित्र

सूखी डाली पर
काक एक एकाकी :
रात पतझर की।

इतना सन्नाटा—
झनकारें झिल्ली की
झारखण्ड में डूब गयीं।

रात : सागर अँधियारा।
पुकार जल-पंछी की
धुँधली उजली।

[बाशो]

बोझ

मेरी टोपी पर
बोझ बर्फ़ का हल्का है—
मेरा जो है।

[किकाकू]

प्यार

प्यार बिल्ले में जागा :
हाय अभागा—
आगे से ही रोना शुरू हुआ।

[याह्ना]

डरौने पर कौआ

खेत में एक डरौने पर
बैठा है डरा हुआ कौआ :
पूस की हवा कटखनी बहती है।[१]

१. 'हाइकू' से प्रभावित

गरम सोते का स्नान

तातो पानी के सोते में
न्हाने का सुख :
जाते पानी को धोता है
आता पानी।

[रांसेत्सु]

यॉनेन् का विदा-गीत

चाँदनी के गीत मैं ने बहुत गाये :
और वह गाया नहीं जाता।
अब सुनो निर्वात रजनी में
अचंचल चीड़-वन में
गूँजता निःशब्द
सन्नाटा।

---

१. यॉनेन्—उन्नीसवीं शती की रूपवती जापानी कवयित्री जिस-ने दीक्षा लेने के लिए स्वयं तपे लोहे से अपना चेहरा झुलसा लिया क्योंकि ज़ेन गुरु सुन्दरी को शिष्या नहीं स्वीकार करते थे। छयासठ वर्ष की आयु में, मृत्यु निकट जान कर उस ने एक छोटी कविता लिखी थी।

रांसेत्सू का मृत्यु-गीत

एक झरा पत्ता :
फिर एक दूसरा और झरा।
फिर एक—हाय !

१. 'हाइकू' पद्धति के जापानी कवि मृत्यु से पहले एक अन्तिम हाइकू रचा करते थे,जो मृत्यु-गीत माना जाता था। रांसेत्सू के मृत्यु-गीत का भाव लिया गया है।

गीत : रोटी

एक हाथ से तोड़ रहा हूँ रोटी
गीत दूसरे से लिखता जाता हूँ।

गीत फाड़ फेंके :
रोटी रह गयी हाथ में।

[आत्सुओ ओकी]

द्वारहीन द्वार

साधना का सत्य

यह जो दिया लिये तुम चले खोजने सत्य, बताओ
क्या प्रबन्ध कर चले
कि जिस बाती का तुम्हें भरोसा
वही जलेगी सदा
अकम्पित, उज्ज्वल एकरूप, निर्धूम ?

प्राप्ति

स्वयं पथ-भटका हुआ
खोया हुआ शिशु
जुगनुओं को पकड़ने को दौड़ता है
किलकता है :
'पा गया ! मैं पा गया !'

एक हवा-सी बार-बार

जैसे अनाथ शिशु की अरथी को
ले जाते हैं लोग : उठाये गोद, मगर
तीखी पीड़ा के बोध बिना,

वैसे ही एक हवा-सी बार-बार
ढोती स्मृतियों का भार
थकी-सी
मुझ में हो कर बह जाती है।

जन्म-दिवस

एक दिन
और दिनों-सा
आयु का एक बरस ले चला गया।

सागर में ऊब-डूब

सागर में ऊब-डूब करती ख़ाली बोतल
जाने किस के कब के (और कहाँ पर)
घड़ी-दो घड़ी सुख की साक्षी :

और यह सागर : जिसे नहीं है
देश-काल का ओर-छोर—
नहीं है रूपाकार।

सागर-चित्र

सूने उदधि की लहर
धीर बधिर :
सूने क्षितिज का आत्मलीन आलोक
अधूरा, धूसर, अन्धा :

टकराहट चट्टानों पर
थोथे थप्पड़ की
जल के :

उड़े झाग की चिनियाहट
गालों पर,
आँखों में किरकिरी रेत :

अर्थहीन मँड़राते कई क्रौंच
हकलाते-से जब-तब कराहते हलके।

यह क्षण : यह चित्र :
दरिद्र ?
अ-मूल ? अमोल ?
विलीयमान ? चिर ?

सागर पर भोर

बहुत बड़ा है यह सागर का सूना
बहुत बड़ा यह ऊपर छाया औंधा खोखल।
असमंजस के एक और दिन पर, ओ सूरज,
क्यों, क्यों, क्यों यह तुम उग आये ?

सागर पर साँझ

बहुत देर तक हम चुपचाप
देखा किये सागर को।
फिर कुछ धीरे-से बोला :
''हाँ, लिख लो मन में इस जाती हुई धूप को,
चीड़ों में सरसराती हुई इस हवा को
लहरों की भोली खिलखिलाहट को :
लिख लो सब मन में—क्योंकि फिर
दिनों तक—(क्या बरसों तक ?)—
इसी सागर पर तुम लिखा करोगे
दर्द की एक रेखा
बस एक रेखा
जो, हो सकता है, मूर्त स्मृति भी नहीं लायेगी—
केवल स्वयं आयेगी :
एक रेखा जिसे
न बदला जा सकता है न मिटाया जा सकता है
न स्वीकार द्वारा ही डुबा दिया जा सकता है
क्योंकि वह दर्द की रेखा है,
और दर्द
स्वीकार से भी मिटता नहीं है...''

लौट हम आये साँझ घिरते-न घिरते।
पर फिर उस सागर-तट पर रात को
ऊगा तारा :
उसी पर छितरायी चन्द्रमा ने चाँदनी

उसी पर नभोवृत्त होता रहा और नीला, अपलक :
ये भी तो लहरों पर कुछ लिखते रहे ?
हम ने जो लिखा था
अगर वह दर्द है
तो ये क्या लिखते हैं :
न सही दर्द उन में,
न सही भावना—
फिर भी, निर्वेद भी,
कुछ तो वे लिखते हैं ?

हाँ !
कि "दर्द है तो ठीक है :
(दर्द स्वीकार से भी मिटता नहीं है,
स्वीकार से पाप मिटते हैं,
पर दर्द पाप नहीं है।)
दर्द कुछ मैला नहीं,
कुछ असुन्दर, अनिष्ट नहीं,
दर्द की अपनी एक दीप्ति है—
ग्लानि वह नहीं देता।
तुम ने यदि
दर्द ही लिखा है,
भद्दा कुछ नहीं लिखा, झूठा कुछ नहीं लिखा;
तो आश्वस्त रहो :
हम उसे गहरा ही करेंगे, सारमय बनायेंगे,
उस में रंग भरेंगे, रूप अवतरेंगे,
उसे माँज-माँज कर नयी एक आभा देते रहेंगे :
काल भी उसे एक ओप ही देगा और।
जाओ, वह लिखा हुआ दर्द यहाँ छोड़ जाओ—
तुम्हें वह बार-बार नाना शुभ रूपों में फलेगा।"

सागर-तट : सन्ध्या-तारा

मिटता-मिटता भी मिटा नहीं आलोक,
झलक-सी छोड़ गया
            सागर पर।
वाणी सूनी कह चुकी विदा : आँखों में
दुलराता आलिंगन आया
            मौन उतर।
एक दीर्घ नि:श्वास :
व्योम में सन्ध्या-तारा
            उठा सिहर।

मैं ने देखा, एक बूँद

मैंने देखा
एक बूँद सहसा
उछली सागर के झाग से :
रँगी गयी क्षण-भर
ढलते सूरज की आग से।

मुझ को दीख गया :
सूने विराट् के सम्मुख
हर आलोक-छुआ अपनापन
है उन्मोचन
नश्वरता के दाग़ से !

हवाई अड्डे पर विदा

उड़ गया गरजता यन्त्र-गरुड़
बन बिन्दु, शून्य में पिघल गया।

पर साँप ? लोटता डँसता छोड़ गया वह उसे यहीं पर।

आँखों के आगे धीरे-धीरे सब धुँधला होता आया है—
मैदान, पेड़, पानी, गिरि, घन, जन-संकुल।

रात और दिन

रात बीतती है
घर के शान्त झुटपुटे कोने में—
सब माँगें पंछी-सी डैनों में सिर खोंस
जहाँ पर
अपने ही में खो जाती हैं,
तनी साँस भी
स्वस्ति-भाव से
आ जाती है सहज विलम्बित लय पर।

दिन खुलता है
बड़े शहर के शोर-भरे बीहड़ में बेकल दौड़ रहे
उखड़े लोगों की भीड़ों में—
मोड़-मोड़ पर जिन्हें इश्तहारों के रंग-बिरंगे कोड़े
चलता रखते हैं रंगीन सनसनी की तलाश में।

रात अकेले में
झीनी-सी छाया एक खड़ी रहती है सिरहाने,
कहती रहती है शब्द बिना :
''तुम मेरे हो,
मैं कहीं रहूँ, यह मेरा स्नेह कवच-सा तुम्हें ढके रहता है;
मैं कुछ करूँ, मेरेकामों में हम दोनों की प्रतिश्रुतियों का स्पन्दन है;
मैं कुछी कहूँ, मेरे अन्तस् में अगुरु-धूम-सी
मंगल-आशंसाएँ उठती रहती हैं अविराम,

तुम सोओ, जागो, कर्म करो, हो विरत,
सर्वदा सब में मैं हूँ :
तुम मेरी अग्नि-शिखा हो—
यह देखो मेरी अर्द्धांजलि : यह एक साथ
है उसे बचाती और सौंपती—
और स्निग्ध उस की गरमाई से पुरती भी जाती है।''

दिन के जन-संकुल में
भीड़पने की लहरों के अनवरत थपेड़े
निर्मम दुहराते जाते हैं :
''तुम अपने नहीं, पराये हो,
हम चाहें जितना गले मिलें,
चाहें जितना हम मुसकानों के बिछा पाँवड़े
बरसायें स्वागत-पंखुड़ियाँ,
तुम तुम हो—
अजनबी एक, बेमेल, बिराने।
माला के एक फूल की पंखुड़ियों के भीतर
चिउँटा
फूल-सेज पर सोये पर वह फूल नहीं है
गुँथा नहीं है माला में—
वैसे ही तुम, अजनबी, पराये हो !''

सुनते थे
रात और दिन मणियाँ हैं जीवन की माला की,
पर कौन जौहरी इतने अनमिल मनके
एक सूत्र में गूँथेगा ?

रात-भर आते रहे सपने

रात भर आते रहे सपने :
एक भी अच्छा नहीं था।

केन्तु वास्तव जगत में मुझ को अनेकों बार
सुख मिलता रहा है।

रात भी जब जगा
शय्या सुखद ही थी।

यही क्या तब मानना होगा
कि सपने बुरे हैं सो सत्य हैं
और सुख की वास्तविकता
झूठ है ?

सपने का सच

सपने के प्यारे को
तुम्हें दिखाऊँ,
—यों सच को
सुन्दर होने दूँ।

सपने के सुन्दर को
प्यार करूँ,
सब को दिखलाऊँ—
सच होने दूँ।

पर सपने के सच को
किसे दिखाऊँ
जिस से वह सुन्दर हो
और उसे कर सकूँ
प्यार ?

चाँदनी चुप-चाप

चाँदनी चुप-चाप सारी रात
सूने आँगन में
जाल रचती रही।
मेरी रूपहीन अभिलाषा
अधूरेपन की मद्धिम
आँच पर तँचती रही।
व्यथा मेरी अनकही
आनन्द की सम्भावना के
मनश्चित्रों से परचती रही।

मैं दम साधे रहा,
मन में अलक्षित
आँधी मचती रही :
प्रात : बस इतना कि मेरी बात
सारी रात
उघड़ कर वासना का
रूप लेने से बचती रही।

जागरण-क्षण

बरसों की मेरी नींद रही।

बह गया समय की धारा में जो,
कौन मूर्ख उस को वापस माँगे ?
मैं आज जाग कर खोज रहा हूँ
वह क्षण जिस में मैं जागा हूँ।

मोह-बन्ध

हम दोनों
एक बार जो मिले रहे
फिर मिले,
इसे क्या कहूँ :
कि दुनिया इतनी छोटी है—
या इतनी बड़ी ?

हम में जो कौंध गयी थी
एक बार पहचान, उसी में
आज जुड़ी जो नयी कड़ी—
क्या कहूँ इसे :
इतिहास दुबारा घटित नहीं होता, या वह है
पुन:घटित की एक लड़ी ?

बिछुड़ जायेंगे फिर हम,
फिर भी
हार आज को नहीं गिनेंगे,
इस को अभी, आज क्या कहूँ :
कि जीवन एक मोह है जो साहस को हर लेता है,
या कि एक साहस, जो काट रहा है
बन्ध मोह के घड़ी-घड़ी ?

यह मुकुर

यह मुकुर
दिया था तू ने :
आज यह मुझ से टूट गया।

यों मोह
कि तेरे प्रिय की छवि को
बार-बार मैं देखूँ—
छूट गया।

जिस दिन
यह मुकुर रचा तेरा,
तेरे हाथों में टूटेगा,

मोह दूसरा पात्र प्यार का
रचने का
उस दिन क्या
तुझ से छूटेगा ?

वह क्या लक्ष्य

वह क्या लक्ष्य
जिसे पा कर फिर प्यास रह गयी शेष
बताने की, क्या पाया ?

वह कैसा पथ-दर्शक
जो सारा पथ देख
स्वयं फिर आया
और साथ में—आत्म-तोष से भरा—
मान-चित्र लाया ?

और वह कैसा राही
कहे कि हाँ, ठहरो, चलता हूँ
इस दोपहरी में भी, पर इतना बतला दो,
कितना पैंडा मार
मिलेगी पहली छाया ?

'द्वारहीन द्वार'

द्वार के आगे
और द्वार :
यह नहीं कि कुछ अवश्य
है उन के पार—
किन्तु हर बार
मिलेगा आलोक,
झरेगी रस-धार।

घाट-घाट का पानी

होने और न होने की सीमा-रेखा पर सदा बने रहने का
आसिधार-व्रत जिसने ठाना—सहज ठन गया जिस सें—
वही जिया। पा गया अर्थ।

बार-बार जो जिये-मरे
यह नहीं कि वे सब
बार-बार तरवार-घाट पर
पीते रहे नये अर्थों का पानी।

अर्थ एक है : मिलता है तो एक बार : (गुड़-सा गूँगे को !)
और उसे दोहराना
दोहरे भ्रम में बह जाना है।

न दो प्यार

न दो प्यार
खोलो न द्वार
तुम कोई इस अन्धी दिवार में :
पा लूँगा दरार
मैं कोई। हो न सकूँगा पार—
न हो : मैं बीज
उसी में डालूँगा : वह फूटेगा : डार-डार
से उस की झूमेगा फल-भार।

नहीं तो
और कौन है द्वार
—या प्यार ?

हिरोशिमा

एक दिन सहसा
सूरज निकला
अरे क्षितिज पर नहीं,
नगर के चौक :
धूप बरसी
पर अन्तरिक्ष से नहीं,
फटी मिट्टी से।

छायाएँ मानव-जन की
दिशाहीन
सब ओर पड़ीं—वह सूरज
नहीं उगा था पूरब में, .वह
बरसा सहसा
बीचों-बीच नगर के :
काल-सूर्य के रथ के
पहियों के ज्यों अरे टूट कर
बिखर गये हों
दसों दिशा में।

कुछ क्षण का वह उदय-अस्त !
केवल एक प्रज्वलित क्षण की
दृश्य सोख लेने वाली दोपहरी।
फिर ?
छायाएँ मानव-जन की
नहीं मिटीं लम्बी हो-हो कर :

मानव ही सब भाप हो गये।
छायाएँ तो अभी लिखी हैं
झुलसे हुए पत्थरों पर
उजड़ी सड़कों की गच पर।

मानव का रचा हुआ सूरज
मानव को भाप बना कर सोख गया।
पत्थर पर लिखी हुई यह
जली हुई छाया
मानव की साखी है।

रात कटी

किसी तरह रात कटी
पौ फटी
मायाविनि छायाओं की
काली नीरन्ध्र यवनिका हटी।

भोर की स्निग्ध बयार जगी,
तृण-बालाओं की मंगल रजत-कलसियों से
कुछ ओस-बूँद झरे,
चिड़ियों ने किया रोर,
आकारों में फिर रंग भरे,
गन्धों के छिपे कोश बिखरे,
दूर की घण्टा-ध्वनि वायु-मण्डल को कँपाने लगी।

फेंके हुए अख़बार की सरसराहट,
पड़ोस के चूल्हों के नये धुओं की चिनियाहटें,
ग्वाले के कमण्डल की खड़कन,
कलों से बेचैन नये पानी का टपकना,
बच्चों के पैरों की डगमग आहटें,
आलने पर कल के उतारे हुए, मसले, फटे हुए
कुरते का फ़रियादी रूप,
दवा की अधूरी शीशी से सटे हुए
रूई के गाले का चौंधी आँख-सा झपकना,
पिंजरे में सहसा जागे पंछी-सी
अपने दिल की धड़कन :

परिचिति के सहसा सब खुल गये द्वार :
उमड़ने लगा होने का आदि-अन्तहीन पारावार।

और यह सब इस कारणहीन, अप्रत्याशित,
अनधिकृत, विस्मयकर संयोग से कि
किसी दु:स्वप्न के चंगुल में अचानक रात में
साँस नहीं उलटी !

पगली आलोक-किरण

ओ तू पगली आलोक-किरण,
सूअर की खोली के कर्दम पर बार-बार चमकी,
पर साधक की कुटिया को वज्र-अछूता
अन्धकार में छोड़ गयी ?

तू-मैं

तू फाड़-फाड़ कर छप्पर चाहे
जिस को-तिस को देता जा
मैं मोती अपने हिय के उन में भरा करूँ।

तू जहाँ कहीं जी करे
घड़े के घड़े अमृत बरसाया कर
मैं उस की बूँद-बूँद के संचय के हित सौ-सौ बार मरूँ।

तू सुर-लोकों के द्वार खोल नित नये
राह पर नन्दन-वन कुसुमाता जा—
मैं बार-बार हठ कर के यह, अनन्य यह मानव-लोक वरूँ।

दाता और भिखारी

फूल खिलते रहे चुपचाप :
मंजरी आयी
दबे पाँव, सकुचाती।

किन्तु मधु-मक्खियाँ, भौंरे
तड़फड़ाते रहे,करते रोर;
मुँह चिढ़ाते रहे वन की शान्ति को
अविराम अनगिन झींकते झींगुर।

भिखारी सब
बजाते गाल, बगलें,
फाड़ते आकाश :
सकुचता, सहमता, चुपचाप
पथ से गुज़रता दाता।

मानव अकेला

भीड़ों में
जब-जब जिस-जिस से आँखें मिलती हैं
वह सहसा दिख जाता है
मानव
अंगारे-सा—भगवान्-सा
अकेला।

और हमारे सारे लोकाचार
राख की युगों-युगों की परतें हैं।

जब-जब

जब-जब कहता हूँ—
ओ:, तुम कितने बदल गये हो !
तब-तब पहचान एक मुझ में जगती है।
जब-जब दुहराता हूँ :
अब फिर तो ऐसी भूल नहीं हो सकती—
तब-तब यह आस्था ही मुझ को ठगती है।

क्या कहीं प्यार से इतर
ठौर है कोई
जो इतना दर्द सँभालेगा ?
पर मैं कहता हूँ :
अरे आज पा गया प्यार मैं, वैसा
दर्द नहीं अब मुझ को सालेगा !

ब्राह्म-मुहूर्त : स्वस्तिवाचन

जियो उस प्यार में
जो मैंने तुम्हें दिया है,
उस दु:ख में नहीं जिसे
बेझिझक मैं ने पिया है।

उस गान में जियो
जो मैं ने तुम्हें सुनाया है,
उस आह में नहीं जिसे
मैं ने तुम से छिपाया है।

उस द्वार से गुज़रो
जो मैं ने तुम्हारे लिए खोला है,
उस अन्धकार से नहीं
जिस की गहराई को
बार-बार मैं ने तुम्हारी रक्षा की
भावना से टटोला है।

वह छादन तुम्हारा घर हो
जिसे मैं असीसों से बुनता हूँ, बुनूँगा;
वे काँटे-गोखरू तो मेरे हैं
जिन्हें मैं राह से चुनता हूँ, चुनूँगा।
वह पथ तुम्हारा हो
जिसे मैं तुम्हारे हित बनाता हूँ, बनाता रहूँगा;

मैं जो रोड़ा हूँ, उसे हथौड़े से तोड़-तोड़
मैं जो कारीगर हूँ, क़रीने से
सँवारता-सजाता हूँ, सजाता रहूँगा।

सागर के किनारे तक
तुम्हें पहुँचाने का
उदार उद्यम ही मेरा हो :
फिर वहाँ जो लहर हो, तारा हो,
सोन-तरी हो, अरुण सवेरा हो,
वह सब, ओ मेरे वर्य !
तुम्हारा हो, तुम्हारा हो, तुम्हारा हो।

वहाँ पर बच जाय जो

जहाँ पर धन
नहीं है राशि वह जिस को समुद
तेरे चरण पर वार दूँ

जहाँ पर तन
नहीं है थाती-मिली वह धूल पावन
जिसे मैं चोले समान उतार दूँ

जहाँ पर मन
नहीं है यज्ञ का दुर्दान्त घोड़ा
जिसे लौटा तुझे दे
मैं समर्थ जयी कहाऊँ

जहाँ पर जन
नहीं है शक्ति का संघट्ट
जिस में डूब कर ही मैं
प्रतिष्ठित व्यक्तित्व पाऊँ

जहाँ पर
अहं भी
—जो अजाना, अछूता औ' उपेक्षावश अलक्षित हो
अनाहत रह गया हो—
नहीं है अन्तिम निजत्व
लुटा जिसे
औदार्य का सन्तोष मेरा हो:

वहाँ पर
बच जाय जो
(वह क्या, मैं नहीं यह जानता, ओ देवता,
तू जान जो सब जानता है)
उसी अन्तिम सर्ग पर बच जाय जो
वही तेरा हो।

वह जो हो
जो कुछ है वही है
उसी को ले :
मुक्ति मुझ को दे।

आज पूरे बोध से यह बात
जो मैं ने कही है
यही मेरा साक्ष्य है : मैं
प्रतिश्रुत हूँ साथ
तेरे : यह मेरी सही है।

टेर रहा सागर

जब-जब सागर में
मछली तड़पी—
तब-तब हम ने उस की गहराई को जाना।
जब-जब उल्का
गिरा टूट कर—गिरा कहाँ ?—
हम ने सूने को अन्तहीन पहचाना।

जो है, वह है,
रहस्य अज्ञेय यही
'है' ही है अपने-आप :
जो 'होता' है, उस का होना ही
जिसे जानना हम कहते
उस की मर्यादा, माप।

जो है, वह अन्तहीन
घेरे है उस को जिस में
जो 'होता' है होता है,
जिस में ज्ञान हमारा
अर्थ टोहता, पाता,
बलखाता टटोलता
बढ़ता है, खोता है।

अर्थ हमारा
जितना है, सागर में नहीं
हमारी मछली में है
सभी दिशा में सागर जिस को घेर रहा है।
हम उसे नहीं,
वह हम को टेर रहा है।

णाणं
पयासयं

वीर नि.सं. 2470
ई.सन् 1944

भारतीय ज्ञानपीठ